AF416862

LA UNIVERSAL
Casa Editorial

La Universal
Casa Editorial

Antología poética
Inspiraciones del alma

Autores participantes:
Alexánder Silgado
Eduardo Castillo
Jaes Caicedo Castillo
Jorge González
Néstor Monsalve
Nila Sinisterra

ANTOLOGÍA POÉTICA
INSPIRACIONES DEL ALMA

EDICIÓN Y CORRECCIÓN DE ESTILO:
Fortunato Ricci Méndez
DISEÑADOR:
Wilson Chávez Velásquez

EDICIÓN 2021
La Universal Casa Editorial
@UniversalCasa
launiversalcasaeditorialgmail

Impreso en Colombia
La Universal Casa Editorial S.A.S.
NIT. 901517866-1
www.launiversalcasaeditorial.com
launiversalcasaeditorial@gmail.com
dptodeseleccionlauniversal@gmail.com
Teléfono: +57 323 2816318
Cr. 68 N. 75 A -50 Piso 3
Centro Comercial Metrópolis
Bogotá - Colombia

REPRESENTANTE LEGAL:
Antonio Márquez
CEO:
Marta Lucía Beltrán
ISBN: 978-958-53730-4-4

CONTENIDO

JAES CAICEDO

JORGE GONZÁLEZ

ALEXÁNDER SILGADO

Agradecimientos

Agradezco primeramente a Dios, por permitirme cumplir el sueño de plasmar mis letras en un libro, para que puedan volar y ser leídos por los amantes de la literatura en distintos lugares del universo.

A mi esposa Yenys Barros Otálora, por su gran respaldo en mi labor de escritor, por motivarme a continuar escribiendo y confiar que mis escritos son dignos de ser publicados, por respetar y crear espacios donde pueda ejercer mi íntima relación con las letras.

A mis compañeros y colegas de las instituciones educativas Betel y San José de Prevención, por su apoyo y motivación.

Al Grupo Cultural Canto y Pinto Bailando de Astrea Cesar, por haber servido como plataforma para publicar mis obras y mejorar a través de las críticas constructivas.

A mis musas, quienes siempre han mantenido fresca la tinta de mi pluma para escribir mis inspiraciones con el alma.

Y a todos los amigos y personas que de una u otra manera influyeron positivamente para que este sueño se convirtiera en realidad.

Sinopsis

Cada verso del poeta es la descripción real de un cúmulo de sentimientos expresados con el corazón y que le permite sentirse libre. El autor pinta a través de la palabra, paisajes sublimes que invitan a pasear por cada renglón, contextualizando al lector en su propia historia, navegando por la naturaleza, los amores, el olvido y el perdón como necesidad espiritual para deleitar el cuerpo y la mente leyendo las inspiraciones nacidas desde lo más profundo del alma.

Biografía

Alexánder Silgado Fuentes, nacido el 7 de marzo de 1977 en Mompox, Bolívar; hijo de Jesús Silgado Caballero y Elizabeth Fuentes Ospino; muy pequeño fue llevado por sus padres a San José de Prevención, corregimiento de Pijiño del Carmen Magdalena, domiciliado en Astrea, Cesar. Cursó estudios de básica primaria en la institución educativa San José de Prevención y estudios de básica secundaria en el Colegio Nacionalizado de Pijiño del Carmen Magdalena. Es normalista superior, egresado de la Escuela Normal Superior de Corozal y actualmente estudia licenciatura en Biología en la Universidad Santo Tomás. Se desempeña como docente de básica primaria, es amante de la literatura, escritor de poemas y cuentos infantiles.

Fue seleccionado por la editorial Oxímoron para hacer parte de la antología "Los destellos del día". Publica sus poemas en diversos portales literarios de carácter virtual, alcanzando destacados galardones por la calidad de sus letras.

Recientemente fue nombrado poeta plenipotenciario de paz, por la Corriente Universal de la Palabra y de las Artes, Era del Antoproceno CUPAEA.

Volvió la primavera

Ayer vi ladrar mi perro, movía alegre su cola zalamera,
corriendo como un loquillo saludando al viento y a la nada,
lo seguí en lontananza y en su desprevenido instinto,
me anunció con gestos de amor con su alma entera,
que ya había flores maquillando las desérticas miradas,
que el faro celeste era el mismo, pero refulgía distinto…
Que habían vuelto a su nido las aves que viajeras,
se fueron a refugiar en extrañas almohadas,
pero han vuelto porque tú volviste mi amada,
pintura natural de mi lienzo… Mi linda primavera.

Mi perro blandía su cola altanera,
regateando el aleteo de sublimes mariposas,
compartiendo libaciones de fragancias y capullos,
torbellinos de libélulas en ceremonial espera,
celebraban tu llegada imperial estación hermosa
y ríe la rosa radiante en singular murmullo.

Al examinar el verde esmeraldino en la pradera,
yo también celebro por cada hoja frondosa,
que nace sutil tierna y primorosa,
en la estación del amor… Mi linda primavera,
estación del renacer de la acuarela y la elegancia,
de la fe y la esperanza que motiva al labrador,
de las lluvias que alimentan el caudal que acuna el río.

Yo también te esperaba con perdurables ansias,
pues contigo volvió a mis brazos aquel amor,
que se fue cuando llegó el cruel estío.

RECUERDOS

Acaricia mi melancólica mirada,
el lejano horizonte en una baldía lontananza
y apuntalo los recuerdos en mi transportada mente,
esculcando en ella cada registro que plasmó la vida
y hallo en ella momentos difuminados en viajera existencia.

El olor del polen fresco de campanitas,
que se mecen por el viento,
perfumando mis días primaverales,
galope entre prados y rastrojos correteando la inocencia,
la enseñanza de un padre que no sabe escribir,
pero que lee incansablemente,
una madre abnegada, persistente,
que me enseñó los primeros grafismos vocálicos,
esos imborrables recuerdos de mi primer día en la escuela,
mis primeras cometas surcando las olas del viento…
y después los tropiezos en el bosque
de filosas espinas del amor.

Se apagó tu luna

Ya tu cielo turqués se oscureció ya no hay manera,
de hallar tu cuerpo tibio en el regazo de mi cuna,
ya se apagó el fuego de tu arrebolada luna,
el ideal se fragmentó convirtiéndose en quimera.

Las estrellas se alinearon a la inversa a tu rivera
y hasta mis versos se me negaron para ti… de una,
corrí hacia el collar donde enlacé vuestros recuerdos,
buscando la perla de zafiro que tallamos un día.

Y la hallé en una lagrima de olvido derretida,
sobre el pañuelo de un adiós…adiós eterno,
que surca los fríos amaneceres del infierno,
hoy tu luna es un pálido reflejo... cenizas frías.

Amor y amistad

Amor y Amistad, dos sentimientos
que nos llenan de placer y alegría,
son flores que acaricia el suave viento,
dos razones para vivir en armonía.

Quien tiene una amistad tiene un tesoro,
debe cuidarla con ahínco y con recelo,
quien tiene el amor lo tiene todo,
el amor es Dios y vine del cielo.

Ama el amigo con amor, ese es tu hermano,
llena al amor de detalles y confianza,
dos sentimientos sublimes y cercanos,
que alimentan con fervor nuestra esperanza.

El nacimiento de un poeta

Infante yo sin mácula en mi distraída inocencia,
abrí el portal codiciado del amor en sus caminos,
descalzo empezaban mis torpes pasos…pininos,
en el jardín de rosas, aromas, libaciones y querencias.

Ignorando la acerba miel que brotan los espinos,
en mi aurora de amor mi ser flameaba un regocijo,
sin saber que amar vale mil lágrimas de experiencia
sentí en el vagón de mi tren torrencial ausencia,
los temores de un inerme soldado desvalido

Y en la primera estación desembarcaron mis maletas
sentí el frío de un idilio roto…sentí mi alma escueta
como ave sin pluma en el bosque desprolijo,
una hoja en blanco pensamientos y acertijos,
entre lágrimas y llanto… El nacimiento de un poeta.

Una razón para escribirte

Siempre hallo para escribirte una excusa,
por tu sonrisa espontánea y enigmática
personalidad dulce llena de amor carismática,
que despierta la más dormida musa,
electrizas mis sentidos cual medusa,
escribirte es involuntaria orden pragmática,
que altera incluso las leyes de la gramática,
convirtiendo en versos tu imaginada esclusa.

Siempre hallo para escribirte una razón,
por la luna hermosa que hay en tu mirada,
por el aroma expelida de tu alma embalsamada,
palabra a flor de labio que se vuelve canción,
por el sol de fuego, por la fe de tu oración,
por tu pelo azabache de noche tinturada,
por las lágrimas de ayer que no fueron pronunciadas,
por el olvido que agoniza en una lírica ilusión.

DOBLE MORAL

Tomo cada mañana fría un sorbo tibio del aroma tinto,
que va dejando la cíclica rutina de una rancia manivela,
descontrolada, de una sociedad que sucumbe en el pórfido letargo
de quien no responde a sus principios sensoriales…

Detengo mis sentidos para ver la trama de un calcado guion,
que vende la misma historia con personajes distintos
y siento un dolor de madre patria quien silente agoniza,
hay quienes acomodan las fichas para ganar el juego
y otros que conociendo el truco que encanta e hipnotiza,
nos regalan su mirada simple, enmudecidos indiferentes.

Ante una partida desigual con cartas palmarias,
que nos conducen al mismo puerto de indómita salida,
donde las aguas turbias adornan el banquete maculado,
garantizando buena pesca en río revuelto,
donde el mendigo ofrenda para vestir al magistrado,
donde crear el veneno no es perversidad si no ciencia
y ostentar el antídoto para curar al envenenado.
¿Ese sí es un milagro? ¡Cómo no!… Doble moral.

LÁGRIMAS DE OLVIDO

Mis lágrimas restañadas tras las cuencas de mis ojos,
cantan la música instrumental, canción aquella
que en los pliegues de una mañana febril tus huellas,
quedaron sobre el cortejo de flores y de hinojos.

Cuando morías de pasión sobre tu propio antojo,
apagando el candil que reflejaba de tu mojada estrella,
suena melodía sentida… tiemblan sonoras fibras arpegias,
que tiñen mis translucidas lágrimas en vino rojo.

Lauros convertidos en corona de lánguidos ropajes,
con frases de candor de un reluciente amanecer,
que entregó sus reflejos a un lóbrego atardecer,
fraguado en el la maleta de un peregrino equipaje.

Que viaja en el vagón de un marchito carruaje,
sin mirar por el espejo los recuerdo de ayer,
lleno de nostalgia… sin pretensiones de volver,
con la única esperanza que el olvido algún día cuaje.

Mariposa

Mariposa de amarillo vuelo seda fulgente del jardín,
que llenas de alegría y nostalgia mis ancladas cadenas,
pira de ósculos en gélido silencio tizón que quema,
cual hoguera maquilladas por ópalo carmín,
deseos que fluyen en torrentes de agónicos sin fin,
busca en mis sueños tu nombre mis poemas,
ese que viaja inmerso en el fluido de mis venas,
inocente desprevenido… como globo de un festín.

Mariposa de fugaces besos de efímeras libaciones,
detén tu vuelo sobre el trino suave de mi voz… te llama,
no desvíes tus pasos lejos de mí en dirección arcana,
hazle honra a mis votos y a mi fe y… a mis oraciones,
sé la melodía de mi arpegio alegre o triste en mis canciones,
el clarín cantor de la aurora que anuncie en mis mañanas,
el tibio regazo de algodonada lana
o la fresca sombra de reposar mis aflicciones.

Disputa

Cayó el telón de una febril disputa,
entre la razón de una lucidez pensante
y un corazón de amor repleto y delirante,
por adueñarse de aquella milagrosa ruta.

"Batalla" no describe con precisión enjuta,
la fuerza de un ciclón sin atenuantes,
amar se escribe con lágrimas sangrantes
y razón con tinta de tranquila mar augusta.

El amor… Pincel acuarelado de oleos tentadores,
del paisaje otoñal los cristales de la fuente,
la armonía de una música angelical…Celeste,
aurora en la mañana, del atardecer los arreboles.

En el frío la fulgencia de imantados soles…
Triunfó la razón… Marco de torneado silvestre,
sostiene el paño bastión de interés muy fuerte,
hoy enarbolas su bandera de pálidos colores.

La gnosis tiene ligeramente la balanza inclinada,
como agua descalza en la pendiente escurridiza,
llevas en el rostro dibujada una lívida sonrisa,
sobre dolor una de unas lágrimas calladas.

Lánguidas y tétricas en las ojeras camufladas,
de un ideal de apariencias que te esclaviza
y en esas acerbas flores de monedas y caricias,
ser feliz no tiene precio… Ser feliz no tiene paga.

ADIÓS OTOÑO TRISTE

¡Amor de mis entrañas! Siento el murmullo del silencio,
tus huellas indelebles están mimetizadas
lágrimas acerbas de otoño, en burbujas camufladas,
hojas mustias y viajeras en las valijas del viento,
mariposas peregrinas que celebran mil tormentos.

Te fuiste silente cual la nieve descuajada,
dejando un ocre funeral en el marco de mi alma,
el tálamo del amor es un mar de sufrimiento,
inmóvil soy estatua petrificada en el intento,
lánguido picazo…picazo de pintura derramada.

Busco en los recónditos perfumes, tu querencia,
hallo el ajuar de tus promesas en el olvido,
hallo un pañuelo, con inscripciones de un despido,
hallo en tu voz entrecortada limerencia,
dolor y penas y llantos y ausencia,
que carcome el alma, la destiñe, la enlutese.

Lloro la vida como si hubieras muerto mil veces,
lágrimas sonrientes de ninfas arcanas,
lágrimas del rey celeste en las mañanas,
lágrimas de luna, por luceros que fallecen.

El adiós de tu aroma otoñal de sarmientos tristes,
es puñal que se mece en mi corazón sangrante,
es resina adelfa… lava de volcán humeante
y la voz de otra estación susurra, resiste,
otro follaje brotará de árbol del que huiste,
fue tu mor cúmulos de oraciones fallecidas,

Espuma fatua de una esperanza de amor perdida,
dejas en y mí la sed árida de veraniegas ansiedades.
Y un vacío pérfido en mis tristes soledades,
otoño lúgubre, mi alma solloza tu partida.

Tu pintoresco traje se vistió de un gris sombrío
y tus miradas en tétricos embelesos,
el invierno viene a congelar tus cálidos besos.
¡Adiós otoño!… Anda cariño mío,
búscate un abrigo, mira que se acerca el frío,
yo me quedo en tus recuerdos cabizbajo y preso,
esperando tu regreso en mi infeliz bohío.

LAS FLORES DE LA NOCHE

Cascabeles titilantes de la noche,
que vigilan el universo en la penumbra,
duermen tranquilas cuando el sol no alumbra
y en la oscuridad refulgen como áureo broche.

Al paso que la esfera gira,
van cambiando de lugar, inquietas,
en la distancia extensa y en soledad las mira,
tejiendo versos de amor, un poeta.

Describe con arte, finura y sutileza,
cada detalle que observa su pupila,
inspiración divina… en sus líneas presa,
por caravanas de estrella que desfilan.

Fugaces estrellas que con sus largas estelas,
adornan en picada su veloz carrera,
con su ondulante y pintorescas cabelleras,
que titilan como rayos del sol en lentejuela.

Lugar de rico aroma de fragancias y de olores,
de fantasmas, espectros… de misterio,
maravillas luminosas, lumbreras de un imperio,
la noche es un jardín y las estrellas son sus flores.

La rebelión de las ratas

Sombra de un espejo fracturado,
voces que traducen fúnebres alientos,
manos limpias manchadas con el tinte rojo vino,
servida en la copa audaz de la mentira infame.

Lágrimas brotadas de la fuente enardecida,
fruto de las flores de un fusil a un campesino,
que reclama con fervor sus derechos violentados,
hoy observa en la ruleta los cristales de la vida,
cómo desfilan diferentes Rudecindo Cristancho revelados,
pero las ratas siguen siendo las mismas.

Lágrimas de la penumbra

Todas las noches cuando el sol fallece,
cuando la penumbra extiende su enlutado manto,
llego a mi lecho y allí… allí tu imagen aparece,
para reír conmigo o bien sea para enjugar mi llanto,
ese que floreció en mí, por el quebranto,
de un adiós inesperado y sin reveces.

Acerbas lágrimas de nocturnas remembranzas,
que raudas bajan de mis ojos en caravana,
al contemplarte cual estrella en lontananza,
aumenta el desvelo veo mi fe que se desgrana,
se deslíe la luz de mí dulce esperanza,
luz de amor que se me volvió tirana,
sin embargo, tejo en mi memoria los recuerdos,
buscando anudar bellos momentos de pasión
que dibujaron nuestros cuerpos.

Que enlazados cabalgaban bajo el viento,
donde juramos amor… amor eterno,
ese amor que ha palidecido con el tiempo,
allí en la soledad de la noche… en las secretas
y misteriosas líneas que describe el silencio.

Hago preguntas…que se quedan sin respuesta,
suspiro hasta perder casi el aliento,
hasta que el sueño me conquista… triunfa el poeta,
su pluma aún dormida sigue escribiendo.

Lágrimas de fuego

Se oye un lamento en el canto del poeta,
una lágrima describe un amargo desconsuelo
y al caer se siente una tristeza por el suelo
y un silencio abismal de olvido en gaveta.

De plumas al aire desprendida en pleno vuelo,
de líneas que viajan mudas en infinito ese paralelo,
ese es el silencio de preguntas sin respuestas,
que se oculta tras la tinta de un poeta,
que describe en cada verso sus lágrimas de fuego.

Pedir perdón

Pedir perdón no es humillarse por impío,
ni sufrir inmaculadas vanidades,
no es con lágrimas fingidas hacer un río,
ni convertir mil suspiros en tempestades.

Pedir perdón es reconcilio con sí mismo,
es darle al alma un descanso merecido
y sepultar los malos pasos en el abismo,
más recóndito y profundo del olvido.

Eduardo Castillo

Agradecimientos

A mi madre, eterna compañera del olvido.

A mis abuelos, por las palabras no dichas y las lágrimas represadas.

Sinopsis

Estos nueve poemas son la muestra de un viaje a diferentes momentos de la vida. La visión de un hombre y la dualidad que lo acompaña: la tristeza y la alegría, la vida y la muerte, el odio y el amor.

A veces puede ser una proclama, una declaración o una derrota, pero siempre es una búsqueda constante por el ser, por una forma muy particular de entender y habitar el mundo; a través de sus versos hay una narración de identidad, de una conciencia que si bien es muy individual, también es universal.

Cada poema es tan diverso como su pregunta, que puede ir del amor más puro al más carnal, de la soledad más profunda a la más completa alegría, de la denuncia más mordaz a la ingenuidad más sencilla; pero el hilo narrativo sobre el fugaz momento de la vida, siempre está presente como un pacto entre el poeta y la muerte.

Quizá esta forma incisiva y punzante de escribir, lo que entraña es un profundo anhelo de libertad y de justicia.

Biografía

Licenciado en Humanidades y Lengua Castellana, filósofo, músico, Magister en Educación y Periodismo Cultural. Conjuga su labor de escritor con la animación socio cultural y la docencia. Profesor invitado en las universidades de Las Artes en Guayaquil Ecuador y ULIMA Perú.

Actualmente es director del Taller de Escritura Creativa e Historia de la Literatura: El arte de la memoria.

Su libro "Memorias de pandemia", se encuentra en proceso de edición con este mismo sello editorial.

Empezar

Aunque el tiempo me acabe y me doble
y ni siquiera el agua me pueda tomar,
y si mi lecho de muerte me amarra
y con sus fierros no me deja parar
y si la parca me acecha en silencio
y con su sombra me cubre en su mal
y si la última esperanza se esfuma
y toda mi vida se pierde en el mar
y si acaso al final de los días,
cuando no halle a quien recordar
y vengan tardes sin lluvia, ni flores
y se posterguen por mil días más
y que al final de la noche no tenga,
a nadie más por quien respirar.

Volveré abrazarte desnudo
y con mis labios tus labios besar
y si los días de fiesta se acaban,
que a tu lado yo vuelva a empezar.

Soledad

Y así como en el mundo hay diferentes soledades,
también hay diferentes formas de sentir el viento.
Hay algunos que resuenan como notas musicales,
mientras otros mueren en su propio aliento.

Hay vientos que se esconden como luces estivales,
y otros que se mueven en los bosques sempiternos.
Están los cálidos que vuelan por los valles
y los fantasmales que descienden al infierno.

Los hay terribles arrastrando con ímpetu su furia,
los irracionales que se mueven muy adentro
y los más tristes que se escinden con la lluvia.

Es de esta forma como la soledad nos mece,
el triste viento que con violencia nos tortura
y al mismo tiempo con amor nos estremece.

Amor

El amor cuando llega
nos va cambiando un poco,
nos va volviendo más tiernos o más fieros,
más puros o más malos,
más nuevos o más viejos,
más sensibles, más fuertes o más lentos,
más crueles, más celosos, más violentos.

También hay amores que nos vuelven buenos,
más suaves, más tranquilos, más humanos,
más generosos, compasivos y virtuosos,
más tiernos, más perennes, más sinceros,
pero en algo siempre el amor es semejante
y es que al tocarnos no nos deja indiferentes,
puede que nos vuelva angelicales
o demonios seducidos por la carne.

Pero bueno o malo,
indulgente, cruel o bondadoso,
lo cierto es que nadie queda impasible al ver su rostro.

Vivimos, crecemos, morimos, renacemos,
somos otros cuando amamos y ganamos
y somos otros también cuando perdemos.

Apostasía

No me vengan con promesas inciertas y lejanas,
mucho menos con justicias eternas y divinas,
no me vengan con sobornos de otras vidas,
¡cuando esta la tenemos ya perdida!

¡Y si existe Dios que venga y me salude!
Que acabe el odio, la perversidad y el llanto,
no creo que necesite escuchar adulaciones,
ni nosotros para salvarnos rezar tanto.

No creo en esos dioses tan humanos,
tan llenos de rabia, tan mezquinos,
que enarbolan su poder con la venganza
y torturan con infiernos a los niños.

¿Y qué pasa si no creo? ¿Qué pasa si no rezo?
¿Qué pasa si no acepto creencias infundadas?
¡Entonces! ¿Me consumo totalmente en el averno
por no haber aceptado sus demandas?

No, no creo en ese Dios inventado por los hombres,
prefiero arriesgarme y blasfemar un rato,
consumirme en mis vicios y pecados
y nunca arrepentirme por lo andando.

Y si existe Dios, que venga y me perdone,
sin necesidad de clavar mis rodillas en el fango,
sin tener que hacer imprecaciones,
ni rasgar con reverencias mis harapos.

¡No, no quiero esos cielos eternos y aburridos!
Donde todo está aceptado y concluido,
porque he visto de cerca a los que creen
y así prefiero quedarme en el olvido.

Encubrimiento

Dos hombres se besan, se muerden, se aman,
descubren sus cuerpos sin ningún pudor;
sin embargo, a tientas cubren sus miradas,
el pecado es grave y su condición.

Cuando la pasión ya cesa les llega la culpa,
el error les pesa, les duele su amor,
vuelven a sus casas cargados de excusas
y guardan su esencia con algún temor.

Más tarde en sus camas los llenan de besos,
mujeres amantes llenas de emoción,
ellos con ternura reciben sus mimos,
pero sin poner el alma les falta pasión.

Buscan una excusa, cuidar a los niños,
preparar trabajo, ver un novelón,
sus mujeres buenas les brindan cariño,
comprenden sus faltas mas no su aflicción.

Ellos aprendieron a vivir a solas,
tienen compañía, pero no emoción.
Guardan sus secretos de formas distantes,
hasta que se encuentran con su gran amante
y pueden ser ellos sin ningún dolor.

Y en esos ocultos y oscuros misterios,
¡todos se disfrazan! ¡Cumplen su papel!
Ellos, con sus farsas de falsos placeres,
ellas, con sus gracias de mujeres fieles,
viven su tragedia y su oropel.

¿Cuántos en el mundo esconden su esencia?
Por vivir parodias de gente de bien,
pasan por el mundo sin reconocerse,
no vieron su alma, ni su desnudez.

Odediencia

¡Mira cómo marchan de bien nuestros soldados!
¡Un dos tres! ¡Un dos tres! ¡Marchan otra vez!
Van marcando el compás de los tambores,
esperando un alto para calmar su sed.

Y son hombres valientes y templados,
que obedecen sin dudas y con fe.
Van por el mundo con su brazo en alto
y sin atreverse a preguntar ¿por qué?

Ellos saludan diariamente la bandera,
cantan con amor encendido su canción,
defienden con honor su amada tierra,
dispuestos a morir por su nación.

¡Un dos tres! ¡Un dos tres! ¡Marchan otra vez!
Y sin atreverse a preguntar ¿por qué?
Pero podría también ser otra bandera,
otra patria, otro escudo, otra canción.
Un honor diferente y otra tierra
y un soldado que obedece a otra nación.

¡Marchad! ¡Marchad! ¡Fuertes soldados!
¡Sean siempre obedientes sin razón!
Que con los débiles puedan ser siempre valientes,
mientras a los amos no les pongan objeción.

Así vive el esclavo uniformado sometido,
firme y obediente marchando con su honor,
sin saber que desde siempre le han mentido,
y así aprende a vivir con el dolor.

¡Si hay que matar no hay que negarse nunca!
¡Pues soy valiente y lo exige el coronel!
Levanto el arma apunto y asesino
y no me atrevo a preguntar ¿por qué?

Sinceridad

Decir la verdad trae problemas,
te miran raro, te insultan, te golpean,
pero sobre todo y más que nada quedas solo,
porque nadie quiere escuchar que lo flagelan.

Sería mejor por cuestiones familiares,
disfrazar la estupidez con falsedades,
¿pues quién quiere escuchar sus propios miedos?
Sus errores, sus dudas, sus fracasos;
mucho menos sus faltas, sus excesos,
sus tropiezos, sus culpas y pecados.

Por un instante intentad decir la verdad sin correcciones,
si no te callan con la fuerza que no tienen,
se marchan posando de dignos y ejemplares,
cavilando en asquerosas repulsiones,
la mejor manera de vengar traiciones.

Pero la verdad también hay que decírsela uno mismo
y esa es la verdad más cruda y más pesada,
es la que más disfrazamos y callamos,
tanto que al final, la cubrimos y aceptamos.

Y es así que andamos por el mundo,
diciendo la verdad cuando conviene,
negando lo cierto con lo incierto,
disfrazando con virtudes desaciertos,
engañando con lisonjas los ingenuos
y confundiendo a los vivos con los muertos.

DULCE COMPAÑÍA

A mí me gustan los seres marchitos,
los seres oscuros, los que van sin luz.
Los seres ocultos, los seres proscritos,
los que ya han perdido toda pulcritud.

Detesto los sabios que buscan lisonjas,
que viven de aplausos al son del licor.
Nunca conocieron en otra conciencia,
la gracia que tiene poder dar amor.

A mí me gusta andar entre sombras,
con seres extraños que esconden dolor.
Me gusta verme con los condenados,
que cargan su infierno con resignación.

¡Así van los seres que nadie recuerda!
Los excluidos de la bendición.
Así van los seres de causas perdidas,
arrastrando sueños por el callejón.

Me gusta quedarme con los relegados,
los que no merecen consideración.
Me hastían los buenos y sus brillanteces,
que cantan halagos y escupen a Dios.

Me siento tan lejos de los seres buenos,
que tienen honores en todo lugar.
¡Yo soy de los malos! ¡De los infernales!
De los que no quieren perdón, ni piedad.

Y cuando Caronte llegue con su manto
y me ofrezca su barca a la tranquilidad,
le diré muy suave llévame hacia abajo,
lejos de los buenos y de su bondad.

Seducción

Hay mujeres que se tornan hartas,
a pesar de que al mirarlas las deseas,
dan una tenue luz que te ilusiona,
pero no tienen el misterio que enamora.

Andan por el mundo temblorosas.
No se arriesgan, no se ensucian,
no se manchan, nunca opinan,
siempre asienten, no transpiran,
no se afligen, no se alteran y no miran.

Van por el mundo caminando ausentes
y la única luz que ven es su reflejo,
cualquier cosa diferente es de dementes
y su mejor sonrisa la dan frente al espejo.

Su silencio no es de paz, es de ignorancia,
el que se consigue disfrazando el alma,
pues solo buscan la belleza que termina
y los falsos halagos que se acaban.

Y son mujeres gratas, tiernas, majestuosas,
útiles para mostrar a toda hora.
Viven su gloria como palomas santas,
bajo un mutismo inmaculado que te cansa.

Ellas no tienen esa perversión que mata,
ni ese olor a sexo que te embriaga,
ni el fuego que te levanta en las mañanas,
ni muchos menos la fiera que te araña.

Son puras, buenas, cándidas, perfectas,
inmaculadas, intachables y correctas,
tan suaves que ni al tocar te acercas,
porque tal vez al estrecharlas desvanezcan.

¡No tienen el demonio que te acecha!
¡Ni provocan el deseo que te incendia!
No excitan los sentidos ni la mente.
No calientan el alma ni la frente.

Y yo, ¡contaminado por la falsedad humana!
Ligado a lo más oscuro de la tierra.
¡Las quiero totalmente descompuestas!
¡Que vayan a la cama a hacer la guerra!

Que seducidas por la obscenidad del mundo,
lleguen enviciadas, corrompidas, pervertidas,
torcidas, descarriadas, infectadas,
empeoradas, estropeadas y dañadas.

Jaes Caicedo Castillo

Agradecimientos a

Padre y madre por engendrarme.
La familia de un extenso ramaje.
Janer por existir.
La editorial por la invitación.
Las amistades adquiridas.
Los viejos, que en paz descansen.
La compañera por la atención.
Quienes hacen posible que estas cosas se den.
Usted por leerme.

SINOPSIS

¿Sinopsis? ¿Qué palabra es esa? Se pregunta, expresándose con tono de angustia, de preocupación ¿Cómo describir textos que los distancia un espacio, un vocablo, una línea, el timbre, la entonación? Resulta complejo, al pensar en la inconformidad de una serie, pero envueltos en cúmulos desiguales, todas difíciles de catalogar. Títulos alusivos a la conciencia, que hablan del amor, del desconsuelo, de animales, de plantas, de la mujer, del tiempo, del azar...

Ayúdenle ustedes a encontrar cómo abstraerlos, porque aquí, a través de este compendio, se niega lograr.

Biografía

Al menos, un intento…

Jaes Caicedo Castillo, (Cali, 1977), Técnico Laboral en Artes Plásticas por el Instituto Popular de Cultura (IPC), Licenciado en Artes Visuales y Estética por la Universidad del Valle, estudiante del Máster en Escritura Creativa; fundador de Diex Hechos (Diseños Exclusivos Hechos), docente en artes, amante de las letras, la escritura, las artes, la cocina, el diseño, la vida, la muerte. A veces creativo, siempre crítico; editor de los libros "Un ángel en la tierra" y "Lazos en la diferencia".

DESHUMANIDAD

Materialismo perfecto,
globalización mundial,
ideas racionales,
destello general,
abuso del sistema,
despreocupación total,
caníbales del consumo,
de esta vida terrenal.

DUDA

¿Saben?
Tengo una duda que se esconde,
se me oculta,
la he buscado
y por más que trato de encontrarla,
siempre aparece y desaparece,
cual intermitente fuera,
he decido no seguir buscándola,
no porque me haya dado por vencido,
sino porque ella alimenta
mi razón incesante de su búsqueda.

54

RECITAL DE MEMORIA

Poco recuerdo el contenido de mis escritos,
no me esfuerzo ni me preocupa,
solo dejo a la pluma y al papel
con el cerebro conectados,
que fluyan libremente
sin tapujos por mi cuerpo,
que hagan lo que bien puedan
hacer con estas manos.

Tampoco declamo de memoria mis poemas,
no soy de recordar estas cosas, insisto;
¡ah¡ Si me permiten que recurra a ellos y los lea,
el placer de compartirlos será otro, yo lo haría.

Allí memoria y acto, al unísono,
al hablar se fundirían,
entablaríamos un diálogo, un discurso,
un trato… una salida.

Por ejemplo

¡Muere, muere! Maldita lagartija…
Le grita así un niño a la indefensa animal,
ella lo mira moribunda,
brota sus ojos de pesar,
se lamenta, no comprende cómo
aquella criatura le hace daño,
la castiga sin nada que adeudar.

El niño alza una piedra con coraje,
iracundo da fin a su maldad,
cuando termina descansa,
esconde el arma, se sienta en un rincón,
pensativo echa a llorar.

Reproduce aquella escena
que le hizo a su madre su papá.

56

Mujer

Dime maravilla de ser...
¿Qué hiciste para ser mujer?

Transparencia

Cuán difícil resultas ser,
te invisibilizas para en ocasiones volver,
titilas con acciones que están a tu merced,
haces o deshaces, vives, existes...
Y desfalleces al querer.

Encuentros

Situaciones a la deriva,
compromisos disímiles,
pensamientos vagos,
encrucijadas liberadas,
inspiración superflua,
soluciones conflictivas:
confunden nuestra mirada.

Aroma de mujer

Hay algo que me inclina extraer tu esencia,
me conduce pudorosamente lamer tu piel.

Ese algo que agita los latidos de mi corazón,
filtrándose en cada vena y arteria de mi ser.

El dulce néctar de tus labios,
que seduce tu exquisito Aroma de mujer.

CALLA

No digas nada, no me hables,
me maltratas con tu voz.

Guarda silencio musa quimera,
no hieras mi corazón.

Yo te quiero muy profundo,
yo te escucho, te deseo…
Eres mi alma, eres pasión.

No permitas que termine,
esto bello, esto hermoso,
por un ruido del amor.

Reclamo animal

El caballo relincha, une sus labios,
su paladar, trinan sus dientes,
silbido que evoca su relinchar.
¿Por qué lo hace? Me pregunto.
¿Por qué lo hace? Simple animal.
¿Por qué relincha? ¿Por qué rebuzna?
¿Qué pretende con su relinchar?

ZAPALLOS CUELGAN

Pobre rama, pobre...
¿Cómo aguantas?
¿De qué estás hecha?
Dime, solo dime,
sé que tus hojas son grandes,
anchas, algo lobadas
y por tu ser transita una vena,
como fibra, muy fuerte,
muy dura, muy ella,
que soporta, que retiene, resiste.

Respóndeme:
¿Cómo tú, mata rastrera,
te elevas a veces por los aires,
te enredas, te agarras,
aguantando esos frutos
que sobre ti cuelgan?

LA ALBORADA

Siéntate ahí,
cerca de la cima,
mira hacia arriba,
aprecia la alborada.

Esos tonos, matices, esa vida,
que arrebata por instantes,
los sueños tácitos, noctámbulos,
la esperanza.

No digas nada, solo contémplala,
respira profundo, con calma,
quédate ahí, dura poco,
algunos instantes de tu mirada.

Riqueza

Hay quienes guardan plata al interior de sus colchones,
yo no puedo,
me estorban los billetes,
las monedas,
el dinero.

Prefiero llenarlo de palabras que enriquezcan mi ser,
mi espíritu,
mi alma.

Quizá sea un acto rebelde

Quizá sea un acto rebelde,
camuflarse entre letras, apartarse de la vida...
Sumergirse en medio del acto creativo.

Olvidarse por completo de quién eres,
qué haces contigo, con los demás...
¿Por qué dejarse tentar ante la elocuencia literaria?

Herirse por el suplicio amenazante que corroe
y envenena tu sangre.
guiada hacia el desmembrado mundo textual.

¿Qué es eso que te adhiere,
te desvela, te atrapa, te envuelve,
no te deja ni un respiro?

Una fuerza extravagante,
ansiedad que solo implora alejarte de todo,
frenar tu tiempo, decirte: es conmigo y nada más.

ELLA POR SER JOVEN

Un día, una joven escribió un poema,
desde aquel instante llamó mi atención,
nunca antes, alguien con tan bello don,
tuvo la oportunidad de arriesgar,
compartir... lo que su Dios le entregó.

Cada vez que empleo una letra, un morfema,
grafema, una palabra que defina la intención,
recurro a ese momento, para decir:
ella por ser joven me enseñó,
me dio alas para volar al horizonte,
gritar a voz abierta aquí estoy.

Siento necesidad de escuchar,
oír su voz, leer sus poemas, saber de su publicación,
ELLA que hoy comprende lo valioso del lenguaje,
a ella le dedico este soneto, estas letras
y por qué no, una canción.

Jorge González

AGRADECIMIENTO

A mi madre.
A mi padre.
A María Vivas.
A Carlitos, mi amigo.
A mi abuelo Emiliano.
A mi abuela Carmen Barrios.
A todos los que disfrutan de mi poesía y…
A Ciriaco el sabroso, mi tatarabuelo.

Sinopsis

La obra poética de Jorge Eliécer González Barrios, cuyo seudónimo Salvatore Bizarro, ha recorrido múltiples búsquedas estéticas, no puede ser clasificada en ningún ismo. Su objetivo poético, si se puede hablar de objetivos, es crear el verso perfecto, tenga o no tenga recompensa humana.

La poesía para Jorge González es una relación mística profunda, que escala las paradojas de la belleza y la fealdad; la verdad y la mentira; la antigualla y la fragmentación posmoderna.

La poesía de Salvatore Bizarro, permanece en el movimiento constante de una llama sagrada que no se extingue.

Biografía

Jorge Eliécer González Barrios nace en Pereira, Risaralda en 1970. Desde muy pequeño se enamoró de la poesía sin saberlo. Cuando cumplió diecisiete años y presa de un amor platónico suicida, descubrió la poesía como tabla de salvación.

Durante muchos años ha escrito poesía, mostrando sus textos a pocas personas. Su poesía es más un acto de fe que una profesión. Estudio teatro en el Instituto Popular de Cultura, luego mucho más tarde, Licenciatura en Español y Literatura, terminando estudios en 2013.

Actualmente sigue escribiendo poesía, haciendo dramaturgia, actuando y dirigiendo obras de teatro.

Mi amado escarabajo

En mi velocípedo interno, bajaba por la
Montreal Autopist:
urbe llena de máquinas asesinas conducidas
por robots dementes,
sobre una pleamar de palomas,
trillones de machacados perros
y de bípedos racionalistas y devotos:
una suma infinitesimal.

Guerra del robot marrano, omnisciente
garrapata de ultratumba,
¡día feroz!
Noche igual de feroz,
plenilunio, eso sí, descompuesto como ojiva nuclear,
silicatos pulmonares,
dodecaedros con patas de ángel…
¡Mi amigo escarabajo cayó al vórtice de las
autopistas!

Yo iba,
iba yo en mi velocípedo, mi velocípedo en flor.
al apearme lo hallé:
magistratura de la yerba o quizá su regente,
preciosismo de la ola,
luz de nobiliarios pájaros,
de apasionadas llamas,
de ilustres gusanos.

Todo ángel ha sido crisálida,
mas es inútil hablar de amor en esta hora,

en este yelo de fantasmas de carne y hueso.
Nos paseamos por el velocípedo de la ciudad,
velocípedo obsceno,
goyesco y cielo en un aguafuerte desesperado.

Iba con mi amigo escarabajo hacia la luna cruel,
de una caricia a la nada:
un mar de hierba,
un piélago donde la verdad es cargada día a día,
por hormigas hebreas,
esclavas por siempre de un sacerdote solar.

Nos hallamos suspendidos en el equilibrio de
una voz portentosa,
hallose la seta y masticose gramaticalmente:
¿con qué letra demonio?
¿Con qué pataleta y minuendo la letra papá, patriarca?

Urgiole al escarabajo, que era la gema mayor,
viva y nerviosa como un dios,
urgiole de alguna manera enamorarse del viento,
burlar toda especie de aves
y no volver a caer como Samsa sobre una
espalda de catafalco.

¡Arrivederchi doctor!
Los lunes su jarabe de toronja y su café con hashís,
no améis los comparendos
y sigue así, escribiendo,
con ese brillo translúcido de alhelí.

¡El velocípedo está dispuesto,
si nuestras testas se estrellaran
en la creación de una Deidad!
El horizonte es una línea que enmascara realidad.

Las lunas llegarán mañana,
¡Los silencios y los cantos se poblarán de verdad!

Babilonia enamorada

Hasta la carne clama por otro mundo.
E. M. Ciorán.

Una lira de níquel en su pecho de cobre,
los buitres la sobrevuelan extáticos,
como estatuas de la libertad flotantes,
Mamparas son las nubes,
que acogen la lujuria con gastados sueños.

Su majestuosa beatitud,
fangosa de quietud,
llora en silencio sin motivo alguno.

Una luna deforme acicala el sexo de todas las esfinges,
soledad de oro, a la entrada del cinematógrafo,
cuarenta mil fotógrafos y un diamante,
ante los que se ríen con sorna de un whisky
que jamás han bebido.

La vi caminar aureolada de fuego,
cien mil lupanares, en su espalda tatuada de jazmines,
quemaban sus cigarros en el botón de sus alas,
sus alas de paloma pisoteada por infinitos autos,
hasta desaparecer,
hasta ser mancha borra de vino,
para brumosos espectros,
adoloridos por su pan,
generosos con los noventa mil cojos,
que se ríen de su farsa contando los peniques,
presidentes en la sodomía de su poder,

potestad de pacotilla para la vía marítima
y el alquitrán eterno con pastillas de metal.

Un leprocomio universal muele la socavada virtud,
ganapanes de la global letrina tiñen de santo
sudor su melodía,
baladas de mierda al comenzar el día,
forúnculos de la Nueva Era,
con el papel higiénico de todos los profetas,
Jesucristo es un reality,
los adornos de la casta cadencia
inflan su escroto en la grupa carmesí.

Un gurú y una yema de violines generando insania,
caspa de las academias,
Séneca depravado, recorriendo los soles,
iguanas furibundas reventando vejigas natatorias.

A las 6 los ángeles enferman de escorbuto,
la tierra teme su cacareada paz,
una bomba atómica con un trillón de
megatones para los noticieros,
¡Felicidad Summa!
Los cuerpos reventados de los amorosos
locutores de fútbol.

Una lira de cobre,
moscas benignas para limpiar la mirada,
gris azul de los centauros,
cosmos, catarsis, quimioterapia.

Había una vez un pez espada,
que portaba alfanjes de tungsteno en su bombillo pineal,
los dioses de lata tintineaban sus ojivas,
a la espera de un maná espasmódico.

La muerte hermosa vestida de mujer,
afilaba su hoz tempranera,
para esos rapsodas de medio tiempo,
que bebían linfa de ogro en la fuente municipal.

Cadáveres flamantes desfilaban en la tele pantalla,
nubes de vampiros para las hembras
relucientes de romanticismo
y bebían sangre de ninfa,
rayos y ruinas en rododendros de luz.

A veces,
por las calles caminaba un asesino,
vestía charreteras de charol,
labriegos idiotas recubrían su cuello,
niños vejados por la mano promiscua
de la casta sacerdotal,
caníbales en salazón gozando su ser abstemio,
poetas compitiendo con otros poetas
la lontananza del poema,
la extensión de números gastando su ignominia,
redomas y anaqueles para teledirigir la miopía,
un cuento de nunca acabar,
idiotas cada vez más pobres,
idiotas cada vez más ricos gozando el acné de cada estría,
máquinas para adelgazar,
potros para extender la tortura
de quienes extraen la primigenia costilla,
para succionar mejor sus falos.
falocracia de su mujercentrismo,
con la lápida atroz en plusvalías,
llanto en yunta de alados carniceros,
colgados de sus camiones como ángeles,
guardianes del Edén.

Adámicas mazmorras rigen la literatura,
puentes quebrados como minaretes,
minas quiebrapatas en cada pelo,
por la intersección de una hipnosis colectiva.
Sacrosanto aparato con su control cercano,
para una remota Atlántida de menhires y duraznos.
¡Una lira de níquel en su pecho de cobre!,
abismos televisados por el silencio.

Babilonia enamorada:
recorriendo las avenidas de París
con una vaca galáctica,
los osos panda y los asesinos en serie,
llorando un istmo de sensual azul,
cabizbajas las putas y las mareas
hinchan el globo de la senectud,
corren con sus cuernos y sus bastones,
pisoteando el latón preclaro de los generales,
gargantúa sonriente ante la metafísica de un falso vientre.

Los ojos,
los horóscopos,
ebriedad de cicuta en el zapato,
diosa de lentes oscuros,
intestinos con osteoporosis,
encadenando el círculo abyecto de lo visceral,
sublime locura,
hembra del poniente lamiendo la esfera de Venus,
santo clítoris,
panacea de los edredones.

Ella es María Magdalena,
airosa luce su tocado de imbéciles profetas,
devoradora de hombres,

risa de su sexo,
éxodo de su piel,
Diana cazadora sutil como Kalí,
besa las bocas de líricos oseznos
y nació de una ballena…

¡Ahora es luz, solo luz!
Radiante luz enamorada,
hiena bufonesca,
representación de la Tierra,
Babel babeante en Nueva York y en Ganímedes,
sale todos los días con sus senos al aire,
gime de alegría,
ella es la responsable de los arlequines,
junto a su maíz el asfalto,
santa,
prostituta de su masturbáculo,
a ella me encomiendo,
solo a ella.

Monos y logos

Escanciad el vino: oh, musa,
dislocad el logos líquido de tu escafandra…
Aquiles ha llegado, con una rata
que le roía su talón purulento.

Escanciad el vino, oh musa,
degollad los becerros
para el apetito de los dioses,
que gozan de cada tuétano felices.

Hermes ha llegado
con un rododendro en el cuello de Perseo
y la jabalina de Ulises
hiere los ojos de Polifemo.

Escanciad más la ambrosía,
sobre este cuenco humano
donde Baco es el mejor anfitrión.

Un histrión beodo se me hace tántalo,
que ha caído en la trampa de los deicidas.
Athanor de todos los velos
fundan el Delfos de unos labios de esfinge.

¡Ay, Afrodita dulce!
Que transformas la luz del Zeus celoso.
Proserpina es una perra lujuriosa
que se acuesta siempre con Apolo.

¡Oh musa, hiéreme el vino!
Como fuego en las venas de los condenados,
un Nerón loco ha parido a los hebreos
y Agamenón no ha muerto,
nada podría cegar tanto heroísmo.

Pero esta duda de Hespérides metódicas,
viaja con Mercurio acezantes
sembrando gilipolleces en el Peloponeso.

Un hueso duro este partenón aciago
que bebió un Egipto de una horda de demonios.
Hititas deletéreos vienen con atilados pegasos
y sin perdonar ninguna hierba.

Escanciad más vino oh sacerdotisas de Baco,
para blasfemar como Prometeo
y con el fuego escamoteado al mismo Zeus,
como diana certero
en el anticorazón de este malvado buitre.

No estoy borracho todavía,
solo intento entender el acertijo:
Venus fue primero y perdió la cabeza como Atenea.

Júpiter se aprovechó de la estupidez de Hefestos
y de la ingenuidad prometeica como principio.
Si la ambrosía dejara de caer sobre los muertos
Hércules perdería su fuerza como la bizarra copia de sansón.

¡Oh, Adamástor!,
uff, cariátide del sentimiento,
cómo no orarle a Baal
entre tantos dragones del pensamiento.

Ío, ío, ío,
poesía del brío,
como tábano loco en la vaca de lo posmoderno.
Solo huesos de ángeles en la umbría alameda
donde fantasmas de carne
devanan los excesos de guillotinas ebrias
y sillas electrificadas con sebo de humanos dioses.

Ío, ío, ay de las bajas criaturas,
que habitaban las alcantarillas de Persépolis
y ahora son tragicomedias de Tánatos y Eros
y televisores fénix en el globo orbicular,
sanguinolento, de un basilisco enojado.

La noche se constela de centauros
y de ninfas desesperadas en un fálico suplicio.
Eros es amante de las parcas,
Venus adora con su sexo
los atributos del dios escarabajo.

Clío besa con ardor a Clitemnestra,
huríes ebrias fornican unicornios románticos
en un celaje de risa,
carcajadas de la decadencia en el carcaj de los sofistas.

Ío, ío, Homero el de elocuente pisada,
ha orinado en el panteón de las quimeras,
Ulises está completamente ciego
y Pandora logró abrir la cuadrada lámpara de Hermes.

Todas las bacantes han sido asesinadas
y Júpiter ha enloquecido…
¿No hay más vino para este sobreviviente, báquico rapsoda?
Homero ha muerto.

Parafernalias

Por lunas sobre astilleros de huesos,
alguien me pide un verso, no sé su nombre,
tal vez Vladimir, quizá Samuel Becket,
¡un sueño!, que me grita desde el abismo que estoy solo,
que no hay nadie conmigo en el círculo de fuego.

Un perro ladra su azufre desde una niñez malsana,
alguien me pide familiaridad en el poema,
una pata de paloma en el termostato de un pararrayos averiado,
una brizna de hierba sobre la tierra aprisionante.

¿Qué? ¿qué es el miedo?
Ropaje de una oveja tomando su cotidiana sopa.
Un exabrupto es necesario para esta medida,
un catafalco de lujo sobre una voluta de olvido.

Te contaré una historia, con un payaso y su pastel,
en el cumpleaños nunca esperado.
Conozco las panaderías y sus fuentes,
colecciono diarios amarillos, carnavalescos
y mil muertos en la televisión,
diez mil hermosos muertos más, en el cereal,
en la luna color de aceituna,
en el Mercedes Benz.

Con la belladona cabalgaré sobre regiones de aquitania,
sobre un viejo caballo de hierro,
paisajes del asfalto en imposible silencio.
Llega siempre ella, ella como causa de este tratado,
ella con su parafernalia de militante judía,

de actriz de pacotilla con gustos neonazis,
mística garganta de pies como el barro,
lujuria en oriflamas, en mierda poetizada por los augurios,
la palabra cerveza revienta de su boca sobre la ceniza,
la piedra sobre la meada de un ratón azul.

Antes iba a los teatros,
dibujaba las calles con pasos irreales,
con lagartos de colores quemándose en el sol.

Yocasta es su nombre, su nombre de actriz,
perteneciente al gremio de actores y actrices,
poetas, duendes y ogros, farsantes estéticos del fracaso.

Me enamoré de ella y con diversas,
con variopintas recetas,
su parafernalia de sueños, de fantasmas,
mi soledad le colmó.

No conozco a su padre,
fue lunes de forzosa camisa en día cerrado,
noche de octubre con un hongo gigante en la cabeza,
una amanita de mullidas ménades,
láctea como dedos de su alma, amorosos,
luces de infinitas esquinas donde un eterno adolescente
fuma su hierba y desnuda su flor.

Ella es blanca a las tres cuarenta y cinco,
negra de terciopelo,
ojos bulímicos en su sexo de anorexia,
espejo antibacterial de liras cotidianas,
de lises sobre una hamburguesa.

Quiere salsa de tomate sobre un cómic nuevo,
le ofrezco la entraña de este marsupial,

una vaca de carne con su único cuerno,
una sangre coherente con su noche,
una oportuna masacre,
miedo ante la familiaridad de los insectos.

No estoy solo,
lo niego nuevamente hasta afirmarlo,
concibo la idea, le doy la mano a lo que intenta ser triste,
soy un buen gusano y rento mi asqueroso cuarto
a una rata en edad de merecer,
¡meretriz del viento!,
niña fratricida de papel moneda y pachulí.

Amo la escuela donde no la conocí,
la risa en un sueño de samuráis,
un samovar de samotracia en suma.

Todos quieren ser los amantes de un buen queso,
navegar sobre una copa de vino,
ser fiesta en la carne del espíritu,
otredad de un poema extenso con dulzaina,
soledad de exhibición en la quinta avenida.

Lágrimas de oro,
lágrimas de plata sobre tanto simulacro,
lirios imperturbables en su afilado reloj,
¡era sobre la arena un misterio divino!,
eran sus manos, sus armas, sus ponientes.

Para conquistar a una actriz
no necesitas conocer a Bertold Brecht,
no es necesario que Aristófanes
haya soplado su risa en vuestro oído,
solo es necesario conocer el diálogo
entre el amor y la tragedia,

ser un buen payaso en la espesura de las urbes,
doblegar las avenidas con su risa excitada de unicornios,
es un buen recurso hablar de patafísica mientras tomas su
mano y le hablas de amor.

Todas fingen, todas quieren aunque digan que no,
es menester saber actuar como lobo con piel de becerro
y acarrear flores en su cuerpo sin caer en el ridículo
de la excesiva ternura,
podrías estar condenado a ser su amigo,
la amistad en este caso está representada por el cargo
de llevar pesados libros.

Todas fingen, todos y todas con más o menos torpeza,
llevan las manos abrasadas de deseo,
donde el diosecillo ha clavado su furor.

Escribe cartas que iluminen su rostro,
embriágala luego con tu voz,
el vino es necesario si la urgencia de festividad
se halla represada en un corazón de hielo.

Cuando el cuerpo ebúrneo y pulcro
esté dispuesto para la fiesta,
tus manos deben estar envenenadas de pureza,
lavadas en el líquido amniótico de una Venus propicia.

Practica el arte espontáneo de resultar encontradizo,
con una sonrisa no demasiado estúpida
y por supuesto blanqueador dental donde las pléyades
se reflejen en el microcosmos de sus ojos.

Hincha las velas de su fuego
y no esperes demasiado,
la mujer cuando además es actriz,

quiere un clímax intenso como de piedras rodantes
sobre lenguas de fuego.

Acaricia sus delicadas crenchas de leona
y atraviesa su mascarada con un fémur de absoluto,
un beso pronto, ata el ancla en su pecho,
habla un lenguaje ambiguo y actúa directamente
sobre las partes afectadas por la pasión:
cabeza, tórax, abdomen,
el velló delicado de su pubis,
sus alas doradas, delicadas de un roce como terciopelo,
ama sin descanso teniendo en cuenta la instalación
de una gigantesca luna sobre el escenario de la pasión.

Todas fingen,
porque el histrión es concomitante con la belleza,
todas las estaciones del año son saludables
para enamorar a una actriz,
es importante el arte de la charlatanería
para condimentar el aburrimiento de esfinges
que portan como eterna maldición,
hasta que son madres,
pero esto es material de otro tratado.

Embriágala una y mil veces con exóticos perfumes,
alimenta su hambre de quimeras
con cinematográficos acentos,
sacrificio arduo que es colateral con tu fuelle amoroso
en lo nemoroso de tu aliento.

Útil también será un llanto arrobador
como perlas en el amatista de sus manos,
luego aljófar y unos versos de Khayam,
un teatro del absurdo has de construir con tus manos
y en el ser o no ser de sus pechos balsámicos
brotará como castalia su efluvio ensoñador.

Edifica un castillo blanco en la arena de su piel
y recita francamente emocionado las líneas de Romeo,
ella será Julieta al caer el atardecer,
luego cojea un poco como el bufón del rey Lear
y pídele sin tardanza que sea la bailarina enana
de un cuento de Edgar Allan Poe.

Oculta si quieres tus personales extrañezas,
la mujer vive una mentira donde lo grotesco
es a veces una suerte de omisión,
no te dejes tender una celada cuando te halles con otra musa
que también reclama tu atención,
dale a beber solícitos venenos
para curarle sus apoplejías y ese colon que se inflama
por la ansiedad de ser amada,
que el placer que da el amor reconcilie las abyecciones
que la sociedad impone con veladas intenciones,
hiérela hondo para que nunca te olvide
y entrégate del todo dispuesto a morir,
dispuesto a dejarla tirada sobre la playa entre las caracolas,
si dice que te odia es cuando más dispuesta para el amor está,
las actrices son azucaradas como la uva moscatel,
arrójale la primavera en su egregio vestido
y desnúdala sin piedad hasta el amanecer.

Si la actriz es por defecto coja o deslenguada,
ninfómana desbocada o bisexual desaforada
no le reproches veniales pecadillos y llévala por buen camino:
la vía láctea del unívoco placer.

Si Diana es el nombre verdadero de esta maestra del amor,
a la cual enseñas,
cuídate que su nombre es la misma cosa en cuestión
y armado como un oso y el Tirso de Jasón

has de enfrentarla como a una diosa virgen:
lúbrica Yocasta de la consumación.

Ruégale a Baco que el vino
no afecte demasiado el vuelo de tu cráneo
y llévala a volar sobre los colgantes jardines del Seol,
sobre un Pegaso de alas inflamables,
indestructibles como el fuego de enamoradas vestales.

para enamorar a una actriz
debes nunca dormirte en el banquete,
danzar y caminar con sobrio estilo,
saber conservar la hoguera es también
una técnica del amor de gran valía,
debes saber reír, debes saber llorar,
si no sabes nada de esto
te basta solamente en grado sumo el arte de saber amar.

Por lunas sobre astilleros de huesos,
alguien me pide un verso,
no sé su nombre,
tal vez Vladimir,
quizá Samuel Becket,
las mujeres solo saben de amor:
el poeta es el maestro.

NÉSTOR MONSALVE

Agradecimientos

Ayer iba caminando con una amiga y empezó a oscurecerse el día, las sombras de la noche iban avanzando, entonces mi amiga con algún problema pequeño de visión sintió temor y desconfianza para dar el siguiente paso por la vía destapada; enseguida le brindé mi apoyo, dándole la mano para continuar el camino dando el siguiente paso. Así hoy deseo agradecer a La Universal Casa Editorial, por brindarnos el apoyo, dándonos la mano para continuar nuestro camino y dar nuestro siguiente paso. Buen viento y buena mar.

Sinopsis

En mis escritos poéticos me refiero al amor de pareja y recreo en ellos algunos momentos; también hago referencia a situaciones sociales como la pandemia (el virus) y recuerdos en parte vividos y en parte añorados. Recreo en mis escritos algunos momentos vividos y dedico a mi señora algunos, igualmente describo situaciones reales de la vida, como la del mercado, velorios, entre otras.

 Néstor Monsalve

Biografía

Nacido el 12 de julio de 1952, en el barrio El Vergel de Bogotá, soy hijo de Petronila Ramírez de Monsalve y Luis Alfonso Monsalve Espeleta; ella de Zipaquirá y él de Pacho Cundinamarca. Tal vez el placer por la poesía y el arte lo heredé de mi abuelo Salvador Monsalve, quien manifestó el gusto por la poesía. Soy el menor de nueve hijos, por eso mi hermano Guillermo me presentaba como el "Benjamín de la casa". La situación económica familiar no era buena, crecí en un hogar clase media, donde no abundaban los recursos y cambiamos mucho de vivienda y de colegio, superando la cantidad de escuelas a los once años de estudio. Mi madre muere cuando tengo nueve años. Durante mi juventud practiqué futbol y atletismo, cosechando buenas experiencias, como varias carreras de fondo, conocidas como media maratón de Girardot.

Al terminar bachillerato fui a Fusagasuga a estudiar Tecnología Pecuaria; por convocatoria pública, comencé a trabajar en la Universidad de Cundinamarca, antes denominado ITUC y luego fui vinculado como empleado por varios años. Realicé estudios complementarios para terminar la carrera de Zootecnista, con la práctica de la apicultura en el ramo de la Zootecnia.

Carmenza Granados Becerra es mi compañera desde 1976 con quien tuve a mi hija, Gloria Catalina Monsalve Granados. Mi afición por la poesía se arraigó al escuchar poemas como "El brindis del bohemio" y "El duelo del mayoral". Me declaro admirador de Rafael Pombo. Hice mis primeros ensayos a los 17 años y en 2011 realicé una edición con recursos propios de 1000 folletos con 21 poesías titulado "Poseía" y me integré al grupo de poetas de Fusagasuga llamado La Metáfora.

Actualmente estoy radicado en Fusagasuga.

AIRE CAMPESINO

En pequeño paraje,
de aire campesino,
ramajes, platanares,
frutales, madrigales,
espesura en la hierba.
Caminos hormigueros.

Mirando tú… mis ojos,
mirando yo… los tuyos,
los labios temblorosos
se fueron acercando,
fundiéndose febriles.

Los grillos van silbando
un melodioso canto,
¡Recordatorio grato!
Resequedad en la mata,
el pajarillo trina.

Los frutales maduros,
por ti van los suspiros,
sentada algo serena
pensando en el momento,
cuando el beso de nuevo,
deposite en tus labios.

Para sellar por siempre
nuestro cariño ansioso,
las caricias febriles,
me llevan a tu seno

para unir mi piel,
a tu cuerpo fundiendo.

Las fuerzas ya entregadas
y en un febril abrazo,
languidecido quedo,
¡Feliz, estremecido!

MUJER

¿Cómo quieres mujer que no te mire?
¿Si tú tienes en tu cuerpo una montaña,
un volcán apasionado que enamora,
un volcán que erupciona a mi mirada?

¿Cómo quieres mujer que yo no sienta?
¿Si mi alma se pierde en tu mirada?
¿Cómo quieres mujer que no te quiera?

¿Si en tu cuerpo un volcán
que se revienta
y en el mío
una pasión,
que el tuyo llama?

LOS VIENTOS

Son los vientos que traspasan,
por las calles, por los patios,
un flotar de ilusiones pasajeras.

Van cubriendo los rescoldos,
escondidos tras las puertas
y en las duras caminatas.

Nos cubrimos con escudos
evitando que se escapen,
por el viento los destinos.

En las copas de los árboles,
un trinar de pajarillos,
son campanas con murmullos
de los ecos y las risas
ya prendidas en el alma.

Vamos solos con la brisa matutina
y seguimos los andares
por pasillos y caminos.

Concibiendo la esperanza,
de algún día nuestros frutos recoger,
trasnochados y cansados.

Resguardamos en el alma,
la ilusión de que algún día,
hallaremos nuestra dicha.

ROMANZA

En la noche, tenue luz en tus pupilas,
la brisa tu cabello acariciaba,
el silencio, nuestra compañía,
nos daría la oportunidad.

Mi sueño, un suspiro,
tus sueños, la vida.
Cansado de todo lo ajeno a ti,
cansado de no verte, el deseo.
Tu piel, suavemente me alerta…
Tus besos, aliento en el alma.
Anhelo, suspiro, sosiego,respiro.

LA ESTANCIA CAMPESINA: MURAL

¡Qué hermosa la estancia!
Hogar campesino, con tejas de barro,
donde convivieron con dicha y en calma,
allí se forjaron los primeros pasos.

Vivencias de infancia, de juegos,
corrillos de niños, recuerdos
de los años mozos.

Después al crecer… Labrando la tierra,
llevando el arado, cuidando el cultivo,
en el cafetal, juntico al guadual,
donde laboraba, ganando el jornal;

Allí retoñaron los sueños de vida.
Majestual portada, de la casa amada,
abriendo esperanzas, forjando los sueños,
desde el corazón, valor y tesón.

También se vivieron momentos alegres,
momentos furtivos, con los sacrificios,
que llenan la vida.
Con las ilusiones, abriendo esperanzas.

Pequeño paraje de aire campesino,
ramajes, platanares, paisajes de ensueños,
le hacen vigilancia dos robles frondosos,
erguidos y altivos,
¡jardín florecido! Le dan colorido a la bella casa.

La luna ilumina los atardeceres,
las tardes en brumas, silbido del grillo.
Al amanecer, con su resplandor, ¡azul celestial!,
el canto del gallo se va pavoneando,
frente de la casa.

Por ese sendero que entraba a la casa,
pasó el peregrino, el puente que cruza
sobre la quebrada,
aquel camino de tierras y arena,
pisadas de ida, pasos de regreso,
quedaron las huellas, las miles pisadas.

Hogar campesino, estufa de leña y carbón,
encendía el fogón.
Atrás, las montañas de la cordillera
que al cielo se elevan,
se pueden mirar en la lejanía
de la bella granja.

Con los arreboles, la casa rural, se ve majestuosa,
se puede apreciar allí en el mural,
junto a la morada,
¡donde está la estancia!

Viajar a tu seno

¿Cómo poder viajar a tu seno?
Romper todos los espacios,
unirme a ti en un solo ser
y así, no sufrir tu ausencia.

Partir en un rayo
y en un instante estar a tu lado,
estalla mi ser, revienta el alma,
busco la calma y no la encuentro,
solo contigo me siento vivo,
solo a tu lado la vida es vida,
dame tu piel, dame tu alma,
dame la vida que me abandona.

Digo, ¡amor! Y ya no sé si lo que digo,
es mi sentir o es mi destino,
respiro el aire, entra en mí ser,
siento que este va unido al tuyo.

Ya desvaría mi pensamiento,
muero en tu ausencia,
ya no encuentro mi existencia,
pasan las horas, pasan los días,
quiero tenerte solo a mi lado.

Tendré la lógica para pensar,
de alguna forma poderte amar,
duerme tu sueño libera tu alma,
vive tu vida ahora en la calma,
Descansa suave allí en tu nido.

Pues ya mañana yo buscaré,
alguna forma para entender,
que lo que vivo, no es fantasía,
linda doncella, labios de amor,
ondeante viaja mi corazón,
luces de ensueño te alumbrarán,
qires de calma te quiero dar.

Morir de risa

Si he de morir, sentado en una piedra,
o si ¡¿he de morir sentado en una cama?!
Si he de morir, de vida,
¡mejor quisiera morir de risa!

¿Por qué? No, ¡antes de viajar hemos de vivir!
Las virtudes, ¿placeres de una vida plena?
Y de pasar ¡flotando por los mares!
Planeando como ave pasajera.

Y contar, los momentos ya vividos,
así dejar los recuerdos, de los cálidos respiros
y de los fríos y numerosos pasos,
las huellas dejadas en largas caminatas.

Las que fueron bañadas con sudores
y en la noche descansando del cansancio,
inerte el cuerpo, el sueño se vive en calma,
el reposo, el sueño.

Vivir, mejor sería, entonces,
mientras el respiro, el pecho nos ventila,
sin dejar pasar, estos momentos de fulgor y de alegría.

¡Cuando la vida vive y no la quietud!
Salir de la inercia calcinante,
torpeza vacilante y transparente
y el alma en la radiante luz del día,
el sol ya nos caliente.

Y a la vida muestre reluciente,
el sabor dulce, nos llene de excelsas sensaciones
y después sí, después, experimentar
los expiros de la muerte.

EN POESÍA

Ya me causa estupor la poesía
que se queja de todo cuanto expresa dice y narra.
De aquellas palabras tan versátiles,
a veces rebuscadas y aparecidas y a veces carcomidas,
igual que las hojas que transportan las hormigas
para llevar comida a la morada,
algunos pedazos de hojas recortadas.

Y a veces me duele la poesía,
cuando sin fuerza, se dice y se expresa.
Aquellas palabras de agonía sin esperanza
y caigo también en la rutina al emplear aquellos términos,
de los cuales huyo, de los cuales quiero huir
y hacer que fluya ¡la alegría!

Pero es a veces tan diciente el sabor a melancolía,
el mensaje de dolor o de tristeza,
lo que causa en mi cierta nostalgia
por no escuchar la voz de la alegría.

¡Es tan difícil reír cuando se llora!
Pero las leo y las escucho,
porque a la vez, cuando su efecto causa en mí esta nostalgia,
hallo en ese decaimiento de pesares un cierto sabor a desahogo.

Al ser escritas con fluir de buena rima
y con aromas de palabras perfumadas
y aunque no ría por causa de alegrías,
suele haber alegrías también en las tristezas.

Y también suelo reír, cuando también lloro,
pero es así la poesía,
con melancólicas palabras de congoja y sentimiento
con sabores de esperanzas y desahogos,
cuando el alma, nos calma ¡nos llena la poesía!
¿Quién nos quita ese dolor? La poesía.

}

A Carmenza

Al amanecer con brillo
y al oscurecer,
el canto de un grillo
retumba y resuena,
al fondo la luna,
me hace recordar,
cuán inmenso es
tu corazón y el mar.
Infinito cielo, de azul traslúcido,
infinito amor, me causa tu vuelo.
Un sentir profundo
me lleva a tu mundo,
das dicha a mi ser,
al ver en tu rostro,
la gracia, la suave sonrisa,
tu hermosa expresión,
cuando en el regazo,
apoyas tu frente,
con calma creciente, llenando de paz,
toda mi ansiedad
y con gran regocijo te quiero expresar,
cuán feliz me haces, al verte sonriente,
en tu bella morada, serena y tranquila.
Y así, mi pecho respira, llenando de calma,
entera mi alma.

MANOS LABORIOSAS

Manos laboriosas,
así delicadas, cuidadosas,
bella dama me acompaña.
Expresa todo en sus labores,
¡todos sus dones y sus virtudes!
Son todos sus primores,
ligada a mí ser.
Costureros de oraciones van saliendo en acciones,
se transforma en alegrías,
suelen dar satisfacciones.
Como un ovillo de hilo,
va rodando en ruedo,
como si fuera un enredo
con un orden enredado,
se despeja la labor,
los hilos se unen y luego
se aseguran, para hacer
creaciones en nuevos tejidos,
que luego perduran.
Momento a momento
orgullo el que siento,
con ella comparto,
muy bellos momentos.
Por eso las gracias a Dios debo dar
y en cada mañana
me dé fortaleza para por ella
poder cuidar, sí,
bien vale el desvelo.

TABERNA

Luces brillantes nos iluminan,
varios colores en tus mejillas,
suena la música llenando en calma,
todo el recinto que nos envuelve,
rincón oscuro, donde sentados,
decimos cosas,
muy dulcemente.

En nuestra mesa una botella,
alza tu mano, vas consumiendo
y nuestras manos están estrechas,
un cigarrillo ya se termina,
ya va formando un espiral.

Mientras tus besos llenos de néctar,
llenan de abrigo el dulce instante,
pasan las horas con mucha prisa,
voy confesando esta pasión.

Llenos tus ojos, suave mirada,
busco tus besos con mucho afán,
vida, ternura, brindan tus besos.
Sigue la música llenando en todo
y nuestros seres muy temblorosos,
navegan suave, dichoso soy.

En el espejo miro tu cuerpo,
cuerpos unidos calman ardientes,
bellos momentos hemos vivido,
¡pasan las horas con mucha prisa!
¿Cómo alargarlas?... ¡sentir tus besos!

Una bebida va terminando,
un cigarrillo trueca en ceniza,
¡pronto, mesero!
Una cerveza para mi amada,
que ya la espera.

Brindemos juntos con la mirada,
nunca olvidemos este momento.
¡Qué dicha plena verte serena!
La gente afuera pasa con prisa,
no nos importa el exterior,
verte a mi lado, rozar tus labios.

Sentir tu mano posarse en la mía,
la luna afuera va iluminando
y dos amantes juran amor.
Ya se hace tarde, horas de sueño
vamos quitando a nuestros cuerpos.

Una cerveza posa en la mesa,
el despegarme de ti me cuesta,
flaquean mis fuerzas,
¡verte tan cerca!
Sigue sonando la melodía,
vamos amada,
ya nos espera un nuevo día.

LIMITANTES

Limitada está mi vida,
limitado está mí ser,
porque no observo tus ojos,
por no estar cerca a tu piel.
Limitadas las miradas
limitados los bolsillos
y también en las pisadas,
van bordeando los caminos.
Limitados son los límites,
limitada está mi vida,
limitado está el destino,
limitados los vivires,
los amores limitados,
limitados se ha encontrado,
limitadas amistades.
Casi ausentes, no totalmente,
las guardamos en recuerdos,
casi, casi, dulcemente.
Y traspasan los humanos,
van y vienen, van y vienen,
limitadas sensaciones,
del cantar de los cantares,
limitadas las canciones.
Sin buenas cuerdas vocales,
un cantar con limitantes.
Alegrías pasajeras,
pasajeros los viajeros,
casi todo es limitado.
Los jardines tienen flores,
no se hallan limitadas

en colores, iluminan los caminos,
que nos llevan al destino,
con los miles de colores,
sorprendentes las creaciones,
creaciones de un creador
sin limitantes.
¡Los misterios del vivir!

EL VELORIO

Mas aún recuerdo, con gran asombro,
severas escenas jamás haber visto,
hasta un calambre siento en el hombro,
al ver sentados en las butacas,
parecían celebrar con gran jolgorio,
tan diversos acompañantes del difunto,
al verlos deleitar en forma tan placentera y grata,
¡una cerveza para los señores!,
alguien decía, sonriente, pelando el diente,
mas al observar,
ni siquiera una respetuosa y simbólica palabra,
ni un persignar ¡ni una oración!,
o una cruz con la mano al frente
y al observar cuadro tan burlesco,
muy sorprendido le manifesté al amigo,
acercándome al oído en forma secreta
y de complicidad marcada y manifiesta.

¿Qué es esto?, algunas damas lloran en sus recintos,
pero primero han de libar licor en nombre
del que se ha marchado al viaje misterioso
y se despide así de este mundo.

Cuán diferente había sucedido
en otras ocasiones que al difunto,
acostumbrado a ver estaba
y se le hacía una ceremonia respetuosa,
majestuosa, sin risa, sino al contrario,
con los llantos desolados y varios abrazos,
con un pésame al familiar le daban,

con ademanes y manifestaciones de silencio,
respetuosamente ante el difunto,
las velas y los cirios acompañaban hasta acabarse,
llegándose el momento de llevar a la sepultura
en una procesión de llanto congoja y melancolía,
le iban rezando con muestras de dolor y de agonía.

Y el misterio que infundía ver el féretro
allí en medio del salón,
con arreglos florales muy majestuosos,
a la espera del traslado hasta el sepulcro,
donde quedará, para su fin, cual dormitorio,
después de terminado todo el velorio.

EL MERCADO

En un día soleado me voy pal mercado,
llevo a la muchacha con canasto alzado,
está muy liviano, aún no está pesado,
llevo las talegas y también la plata
y al llegar encuentro muchas remolachas,
también alcachofas y muchas albahacas
con frutas maduras,
me tomo un refresco, el guarapo espeso,
es un gran fresco, también hay fruticas, están maduritas,
se ven muy bonitas,
un racimo de uvas y el plátano maduro,
las moras y fresas se encuentran muy frescas.

Hay una señora pregona muy duro,
¡les vendo los huevos y también los pavos!,
vende las gallinas con el gallo al lado,
se calla un momento, pa comerse un pan y un caldo parao,
luego continúa y ofrece el pescado, tiene boca-chico,
también la tilapia, hay queso salado.

Sigo caminando, de pronto, ¿qué veo?,
una gran lechona, hay también fritanga,
hay jue la pelanga,
me provocó un poco y paso saliva,
la muchacha mira con ojo rasgado,
prontico el paso lo he alargado,
paso rapidito para el otro lado,
porque si no, ¿quién aguanta?,
las ganas que dan de comer lechona fresquita,
con plátano asado;

prefiero buscar, mirando pal frente
encuentro la papa y una chirimolla
y una zanahoria junto a la cebolla,
la manzana fresca se encuentra ahí,
al lado con un gran tomate, se ven muchas frutas,
todos los colores y frescos olores,
un verde que brilla, es el aguacate,
el que compran mucho halla en Monserrate,
pa comer con pan y con chocolate,
con una empanada ¡que no este salada.

La canasta ya casi está muy llena
y llevo un talego, ya casi revienta,
pasa una paloma volando bajito y suelta una cosa
como una bolita de estiércol fresquito,
le cae en el brazo al niño chiquito,
la señora ríe al ver que salpica,
un trapo al instante otra le ofrece
para que le limpie el brazo al pelao.

Ya casi se acaba la plata que traje,
entonces yo miro si alcanza pal traje,
del niño que cumple un año de vida
y la chilindrina espera en la casa
para que le lleve pronto, también el bizcocho,
el vino, las uvas, entonces le digo,
pronto a la muchacha,
para ya un carro, que nos lleve a casa
y se acaba todo llegó el final del día de plaza,
el día del mercado, es un día festivo en un día soleado.

El virus

Estaba tan sola la calle,
parecía tener un siglo de soledad
y los andenes parecían pedir en silencio
la presencia de alguien,
cuando mis pies andaban sobre el pavimento,
sentí sonriendo caminando sobre el piso
y a otros solitarios personajes alejados,
pasaron a la distancia.

Las puertas cerradas de los establecimientos,
mostraron una forma diferente,
ausente, una cara distinta,
distante y solitaria,
creí momentáneamente ser dueño del espacio,
de la calle, del viento.

Pero era la respuesta de ese temor atrás de las paredes,
eran ojos con ansiedad y algo más,
no sabría decirlo y recordé al tal virus,
ese condenado virus, ¿cómo?¡El coronavirus!

Con corona, como de rey, amenazando,
parecía un fantasma,
de pronto sentí ya no ser el dueño de nada,
ni de la calle ni nada, era otro.
Sí, era un virus condenado.
Tantas muertes causaría y tanto daño.

Nila Sinisterra

AGRADECIMIENTO

A La Universal Casa Editrorial, por su voto de confianza.
Al médico Jeferson Alexander Caicedo, bendecida casualidad.
A mis hijos, motivación y apoyo.
Familia Solís Cardona, invaluable amistad, apoyo incondicional.

SINOPSIS

En circunstancias de mi vida que me marcaron, escribía… De esos escritos surgieron los poemas de esta Antología, cada verso hace parte de un suceso importante plasmado en papel dando paso a… MI VIDA, MI VERSO.

Biografía

Nací el 31 de marzo de 1967, en Cali, Valle del Cauca, Colombia. Estudié en el Politénico de Palmira, en la Academia Comercial Jaramillo de Cali, en la Escuela José Celestino Mutis, corregimiento El Tiple y en el I. E. Marino Renjifo Salcedo, corregimiento El Cabuyal.

Soy madre de tres hijos: Gina Lizet, David Stevan y Karen Yicel, me encanta escribir, cocinar, viajar y bailar. Actualmente vivo en el corregimiento El Cabuyal de Candelaria en Vadle del Cauca, Colombia.

Cuando el hogar se acaba

¿Por qué la vida es tan injusta?
¿Por qué siempre me toca sufrir?,
me sentía ya, tan segura
y todo llegó a su fin,
me acostumbré tanto a sus cuidados.
¿Por qué no me enseñaron que el dolor
es parte de la vida que yo amo?,
que así quieran… No pueden darme amor.
¿Por qué mi vida es tan distinta¡,
¿por qué hoy me quedo sin hogar?
¡Señor! Ayúdame en mis luchas,
bendice a papá y mamá,
sé que mis oraciones escuchas,
fue su error y yo debo pagar.

ALBERT

En mi mundo triste y solitario
aprendí que debo ser feliz,
no puedo tener lo deseado,
aun así puedo sonreír,
me refugio en estudios secundarios,
transportándome en sueños al leer,
encontrando en seres imaginarios,
una razón de más para creer,
para creer que todo es pasajero,
que después todo será mejor,
cuando llegue un caballero despertando…
Sentimientos de amor.

Mi primera vez

Solo sé que aquella noche nuestra luna,
era clara como nuestros corazones,
solo sé que entre caricias y ternura
se avivaron sentimientos y pasiones,
solo sé que me perdí en su abrazo
intentando sacarme aquel amor,
que dejó mi alma en mil pedazos,
que ni tiempo, ni distancia borró,
solo sé que me impulsaba la tristeza,
que invade al perder lo que se ama
solo sé que me entregué sin reservas,
con el primero que encendió la llama,
solo sé que él era como un sueño,
muy ajeno a la realidad esperada.

Solo sé que el quiso ser mi dueño
y yo… deseaba ser amada,
solo sé que después de aquella noche,
la magia cambió entre los dos,
para mí fue pasión y derroche,
para él un compromiso de amor.

Solo sé que la vida siempre cobra
y pagué caro esa equivocación,
un hogar no se basa solo en sexo,
es amor, es tolerancia, es perdón,
solo sé que me ataba su ternura
la sentí poco antes del adiós,
albergando en mi vientre una criatura,
mi niña que ahora es bendición de Dios.

Pasión fugaz

Tal vez haya sido mi locura,
que me impulso a actuar de tal manera,
tal vez haya sido su ternura,
o la pasión que no da tiempo a la espera,
tal vez fue el deseo de ayudar,
a encender fuego que se extinguía,
tal vez pueda el comprobar,
que aún tiene derecho a la alegria,
tal vez esto lo tenga que olvidar,
o recordarlo sin ningún remordimiento,
tal vez esto lo tenga que guardar,
para siempre en el baúl del sentimiento.

FELIZ CUMPLEAÑOS

Un 24 de marzo,
en una tarde tranquila,
mi risa tornaste en llanto
y mi pena en alegría,
cómo poder describirte,
tanta emoción contenida,
cómo poder detener,
lágrimas que corrían
y por qué habría de hacerlo,
si eran por ti niña mía.
Lágrimas no de tristeza,
lágrimas de alegría,
lágrimas de gratitud
por ese esperado día,
en que con llanto rebelde
de mis entrañas nacías.
Cómo ha pasado el tiempo,
cómo has cambiado mi niña,
en tu cuarto lo recuerdo,
inventando fantasías,
componiéndote estos versos,
con tu llanto y con tu risa,
con tus juegos de muñeca,
con tus sueños niña mía,
con emoción sincera,
con el alma agradecida,
porque esta tarde de marzo…
¡Cumples un año de vida!

Cumpleaños II

Con el brillo de tus ojos,
que parecen sonreír,
con tu presencia inquieta,
que me hace descubrir,
la alegría que has traído,
a mis ansias de vivir,
deseo pequeña mía…
¡Qué siempre seas feliz!

Cumpleaños III

Por ser el motor que me impulsa a continuar,
por llenar mis miedos y mi soledad,
por ser en mi frío un rayo de sol,
por darme la fuerza de por ti luchar,
por ser el centro de este mi hogar,
aunque vas creciendo cumpliendo años más,
conjugo contigo el verbo amar.

Tu bautizo

Hoy recibiste pequeña
a Dios en agua bendita,
agua cual manantial,
que mojó tu cabecita,
perdóname niña mía,
en este día sagrado,
por no estar ahí presente,
por no tenerte a mi lado,
yo te prometo hija mía,
que pronto estaremos juntas,
para ser madre e hija
y no separarnos nunca,
para ofrecerte un hogar,
donde no sientas temor,
donde puedas realizarte,
mi pequeño y gran amor.

No planeado, sí muy amado

Es un momento de mi vida crítico,
es un momento de mucho dolor,
no es justo concebir más hijos,
cuando ya no hay vestigios de amor,
no me arrepiento de lo que he vivido,
no reniego de ti, mi amor,
solo quería un hogar bonito,
no caer de nuevo en el error,
ahora no es luchar por una,
ahora es responder por dos.

VUELVE, LO SIENTO

Aunque hoy no estés,
nunca podré olvidar,
que desde muy niña,
aprendiste a soñar,
con un mundo fantástico,
donde juegas a actuar,
donde eres la reina,
donde aprendiste a amar,
donde solo espero
que no vayas a olvidar,
que el nido construido,
siempre sera tu hogar.

Gracias equipo I. E. Marino renjifo Salcedo

Con la nostalgia del tiempo,
que ya hemos recorrido,
esperando en un futuro,
practicar de lo aprendido,
queremos agradecerle,
con un inmenso cariño,
su sincera devoción,
al dirigir el camino,
esperando nos conduzca…
A encontrar un buen destino.

A TI

Contigo no sé qué hacer,
en momentos de mi vida,
cuando no me quieres ver,
cuando me dejas herida,
cuando trato de entender,
tus ausencias, tu ironía,
cuando debo reponer,
mi dolor con alegrías,
que en tiempo pasado diste
y que hoy es lejanía.
Contigo no sé qué hacer,
solo esperar vida mía,
a que cumplas un deber,
que consume día a día,
queriendo ser la mujer,
que llene toda tu vida.

Para doña Zory

Para una mujer aguerrida,
en su incansable labor,
que fundó su droguería,
con metas y con visión,
que con su servicio inspira,
respeto y admiración,
que desde que ella sabía,
que gestaba un gran amor,
se vistió de valentía,
con su hijo, un gran motor
y un lema que repetía…
¡Mi hijo, mi negocio y yo!

La Universal
Casa Editorial

LA UNIVERSAL
Casa Editorial